쉽게 풀어 쓴
주기도문

조종남 지음

신교횃불

An Exposition of the Lord's Prayer

by Chongnahm(John) Cho, M.Div., Ph.D.,H.L.D., D.D.

Mission Torch

쉽게 풀어 쓴
주기도문

주기도문

하늘에 계신 우리 아버지여

이름이 거룩히 여김을 받으시오며

나라이 임하옵시며

뜻이 하늘에서 이룬 것 같이 땅에서도 이루어지이다.

오늘날 우리에게 일용할 양식을 주옵시고

우리가 우리에게 죄 지은 자를 사하여 준 것 같이

우리 죄를 사하여 주옵시고

우리를 시험에 들게 하지 마옵시고

다만 악에서 구하옵소서.

대개 나라와 권세와 영광이 아버지께

영원히 있사옵나이다. 아멘.

The Lord's Prayer

Our Father which art in heaven,

Hallowed be Thy name.

Thy Kingdom come,

Thy will be done on earth, as it is in heaven.

Give us this day our daily bread,

And forgive us our debts,

as we forgive our debtors.

And lead us not into temptation,

but deliver us from the evil.

For Thine is the Kingdom,

and the power, and the glory, forever.

Amen.

머리말

우리 신앙생활에 있어 기도는 아주 중요합니다. 기도는 마치 우리 삶에서 호흡과도 같습니다. 우리는 어떻게 기도하여야 합니까?

예수님은 그 당시 유대 서기관들과 바리새인들이 기도하는 모습을 보시고는 그들의 외식하는 기도를 경계하셨습니다. 기도는 그들이 했던 것과 같이 사람에게 보이려고 하거나 또는 이방인과 같이 중언부언하면 안 된다고 교훈하셨습니다. 그러면서 "너희들이 기도할 때는 이렇게 하라"고 가르쳐 주셨습니다(마 6:9, 눅 11:2). 이것이 주기도문입니다.

주님께서는 이 기도문을 통하여 우리가 무엇을 구하여야 하며, 어떻게 기도하여야 하는지에 있어 기도의 모본(sample)을 보여주셨습니다. 주기도문이야말로 이 세상에서 가장 아름다운 기도문입니다. 나는 아침에 기도할 때에 주기도문을 따라서 기도합니다.

신약성서에는 주기도문이 마태복음(6:9-13)과 누가복음(11:2-4)에 기록되어 있습니다. 그런데 그 표현이 조금씩 다르게 기록되어 있습니다. 그렇다고 그 기도문의 원천이 다른 것이라고 볼 수는 없으며, 구전으로 내려오던 원형을 마태와 누가가 각자의 형편과 필요에 의하여 변경, 발전시킨 것으로 보아야 할 것입니다. 특히 마태에 의해 의전적인 형식(liturgical form)으로 정리된 주기도문은 초대교회의 공동예배에서 사용되었습니다(G. A. Buttrick, *The Interpreter's Bible*, vol. viii, p. 308). 그리하여 한국교회를 위시하여 모든 개신교회가 오늘날까지도 마태복음의 주기도문을 공예배에서 사용하고 있는 것입니다.

저는 학교법인 명지학원 법인사무처 직원들의 금요 예배를 인도할 때 마태복음을 바탕으로 한 주기도문을 공부한 적이 있습니다. 그 때 강의한 내용을 이렇게 한 권의 책으로 엮게 되었습니다. 이 책이 성도들의 기도 생활에 도움이 되기를 바랍니다.

끝으로 주기도문을 함께 공부한 명지학원의 동료 직원들과, 늘 저의 사역을 격려하여 주신 이사장 유영구 장로님, 그리고 원고정리를 도와준 김회창 박사와 이 책의 출판을 맡아 주신 선교횃불에 감사드립니다.

2006년 6월 10일
조 종 남

목 차

머리말 ● 6

제 1장 하늘에 계신 우리 아버지여 ● 13

1. 주기도문은 인생에 필요한 모든 것을 다루고 있습니다 ● 15
2. 이 기도는 하나님과의 대화입니다 ● 19
   2-1 이 기도는 독백이 아닙니다
   2-2 이 기도는 하나님의 동기로 시작합니다
   2-3 이는 확신을 갖고 드리는 기도입니다
   2-4 이는 예수의 이름으로 드리는 기도입니다

제 2장 이름이 거룩히 여김을 받으시오며 ● 27

1. 여기에서 '이름'은 무엇을 의미합니까? ● 29
2. 아버지의 이름은 우리들이 거룩하기를 요청합니다 ● 31
3. 어떻게 행하여야 하나님의 이름이 거룩히 여김을 받을 수 있습니까? ● 33
   3-1 하나님의 존재를 인정하여야 합니다
   3-2 하나님의 자녀들이 바르게 살아가야 합니다
   3-3 세상 사람이 하나님을 믿게 하여야 합니다

제 3장 나라이 임하옵시며 ● 39

1. 하나님의 나라는 어떤 것입니까? ● 40
2. 어떻게 하는 것이 그 나라가 임하도록 하는 것입니까? ● 42
   2-1 기도에는 순종과 헌신이 따라야 합니다
   2-2 각 사람에게 하나님의 나라가 임하도록 기도해야 합니다
   2-3 사회에 자유, 정의, 평화가 깃들도록 기도해야 합니다
   2-4 하나님 나라의 완성을 위하여 기도해야 합니다

제 4장
뜻이 하늘에서 이룬 것같이 땅에서도 이루어지이다 ● 49

1. 하나님의 뜻이 하늘에서 이룬 것 같이 ● 52
2. 하나님의 뜻이 땅에서 이루어지이다 ● 52
   2-1 교회생활에서 하나님의 뜻이 이루어지기를 기도해야 합니다
   2-2 세상에서 하나님의 뜻이 이루어지기를 위해 기도해야 합니다
   2-3 신사 개인의 삶에서 하나님의 뜻이 이루어지기를 위해 기도해야 합니다

제 5장 일용할 양식을 주옵시고 ● 55

1. 하나님은 우리의 육신생활에도 관심을 가지십니다 ● 57
2. 우리는 육의 떡과 영의 양식을 필요로 합니다 ● 59
3. 오늘날 우리에게 일용할 양식만을 구해야 합니다 ● 60
   3-1 존재에 필수적인 것을 구해야 합니다
   3-2 우리, 곧 모두에게 필요한 것을 구해야 합니다
4. 일용할 양식을 위하여 우리는 열심히 일하여야 합니다 ● 62

제 6장 우리 죄를 사하여 주옵시고 ● 65

1. 우리 모두는 죄인입니다 ● 66
   1-1 무엇이 죄입니까?
   1-2 우리 모두가 죄인입니다
   1-3 죄의 결과는 비참합니다
2. 하나님은 죄를 용서하시기를 원하십니다 ● 72
3. 우리의 기도에는 신앙의 결단이 따라야 합니다 ● 73
   3-1 죄를 자백하고 믿어야 합니다
   3-2 주를 순간순간 의지하며 걸어가야 합니다
   3-3 우리는 우리에게 죄지은 자를 용서하여야 합니다

제 7장
시험에 들지 말게 하옵시고, 악에서 구하옵소서 ● 79

1. 여기서 시험(πειρασμός)은 무엇을 의미합니까? ● 81
    1-1 시련(試鍊)
    1-2 유혹(誘惑)
2. 시험에 들게 하지 마옵시고 ● 86
3. 다만 악에서 구하옵소서 ● 87
    3-1 이 세상에는 아직도 악의 세력이 있습니다
    3-2 주님은 마귀보다 더 큰 승리자입니다
4. 나라와 권세와 영광이 아버지께 있사옵니다 ● 90

제 1장

하늘에 계신 우리 아버지여

마태복음 6:9-13
그러므로 너희는 이렇게 기도하라

하늘에 계신 우리 아버지여
이름이 거룩히 여김을 받으시오며
나라이 임하옵시며
뜻이 하늘에서 이룬 것 같이
땅에서도 이루어지이다
오늘날 우리에게 일용할 양식을 주옵시고
우리가 우리에게 죄 지은 자를
사하여 준 것 같이
우리 죄를 사하여 주옵시고
우리를 시험에 들게 하지 마옵시고
다만 악에서 구하옵소서
나라와 권세와 영광이 아버지께
영원히 있사옵나이다.
아멘.

제1장
하늘에 계신 우리 아버지여

우리가 알고 경험한 공산주의자들은 하나님을 믿지 않습니다. 그러기에 그들에게는 기도라는 것이 있을 수 없습니다. 그러나 한 철저한 공산주의자가 자기 친구가 드리는 기도를 듣고서는, 그러한 기도를 들으시는 분이 있다면 자신도 그렇게 기도하겠노라고 말했다고 합니다. 바로 그 기도문이 주기도문, 곧 "우리에게 기도를 가르쳐 주옵소서"하는 제자들에게 "너희는 기도할 때 이렇게 하라"(눅 11:1-2)고 예수님께서 가르쳐 주신 기도문입니다.

이 주기도문이야 말로 이 세상에서 가장 아름다운 기도문입니다. 나는 아침에 기도할 때에 주기도문을 따라 기도를 합니다.

그러면 주기도문이 어떤 것입니까?

또한 어떻게 기도하라는 것입니까?

지금부터 주기도문에 대하여 살펴보면서 은혜를 받기로 하겠습니다.

1. 주기도문은 인생에 필요한 모든 것을 다루고 있습니다.

우리는 이 기도문에서 주님께서는 우리가 당면하는 모든 문제에 대하여 관심을 가지시고 도와주시기를 원하신다는 것을 알게 됩니다. 주기도문은 인생이 당면하게 되는 모든 필요를 간구하고 있기 때문입니다.

우리 인생들이 이 세상에서 당면하는 것들이 무엇입니까? 심리학자들은 사람을 괴롭히는 것들, 곧 인격을 파괴시키는 요소를 다음의 6가지로 지적하고 있습니다.

첫째, 열등감(Inferiority complex), 곧 소속된 집단에서 열등의식을 갖는 것입니다.

둘째, 실망(Discouragement), 곧 자기가 하는 일에 보람을 못 느끼는 데서 오는 낙담입니다.

셋째, 염려(Anxiety), 곧 생활에서 먹고 마시는 문제 때문에 오는 염려입니다.

넷째, 죄책감(Guilt complex), 곧 죄를 범해서 죄책감이 생깁니다. 죄에서 용서를 받을 수 있을까 하는 걱정입니다.

다섯째, 분노(Resentment), 곧 대인 관계에 있어 원망과 분노가 생겨 고통스러워하는 것입니다.

여섯째, 두려움(Fear), 곧 닥쳐오는 시험과 마귀의 유혹의 위험 때문에 오는 걱정입니다.

주님께서는 이런 문제를 아셨습니다. 그러므로 하나님 아버지께 기도하여 이런 문제에서 해결을 얻기를 권하고 계시는 것입니다. 그리고 주님은 우리가 기도하면 도와주신다고 요한복음 14:13-14에서 약속하셨습니다.

"너희가 내 이름으로 무엇을 구하든지 내가 시행하리니 이는 아버지로 하여금 아들을 인하여 영광을 얻으시게 하려 함이라 내 이름으로 무엇이든지 내게 구하면 내가 시행하리라"

기도하는 신자에게 주어진 특권이 얼마나 놀랍습니까!
우선 주기도문의 내용을 개관하여 봅시다.

여러분 중에 열등감에 사로잡혀 있는 사람이 있습니까? 혹시 '나의 아버지는 비천한 분인데 누가 나를 알아줄까' 하는 열등감에 잠겨 있는 사람이 있습니까? 그러나 기도할 때 '하늘에 계신 하나님'을 '아버지'라고 부르는 순간 그는 열등감에서 벗어납니다. 자신이 하나님의 아들과 딸이라고 믿는 순간 어찌 소속감에서 열등감을 느끼겠습니까?

우리가 하늘에 계신 하나님을 아버지라고 부르는 순간 치유가 일어납니다. 자신이 하나님의 아들과 딸이요, 하나님의 후사, 곧 그리스도와 함께 한 후사인 것을 상기함으로 자존감을 갖게 됩니다. 로마서 8:16-18에서 이렇게 말씀하였습니다.

"성령이 친히 우리 영으로 더불어 우리가 하나님의 자녀인 것을 증거하시나니 자녀이면 또한 후사 곧 하나님의 후사요 그리스도와 함께한 후사니 우리가 그와 함께 영광을 받기 위하여 고난도 함께 받아야 될 것이니라 생각건대 현재의 고난은 장차 우리에게 나타날 영광과 족히 비교할 수 없도다"

혹시 자기가 하는 일에 보람을 못 느끼고 있는 사람이 있습니까? 그러나 아침에 주기도문을 따라 기도를 드리는 사람은 적어도 하나님의 나라를 생각하며 하루를 시작하는 것입니다. 하나님의 나라가 임하기를 기원합니다. 그러니 신자는 기대하는 존재요, 희망하는 존재가 되는 것입니다. 이 얼마나 보람 있는 삶입니까?

사람에게는 먹고 마시는 의식주의 염려가 있습니다. 이에 대해 "우리에게 일용한 양식을 주옵소서" 하고 기도하라고 주님은 말씀하시는 것입니다. 이는 마치, 어떤 소년에게 부자 아저씨가 먼 길로 떠나면서 말하기를 "너 살다가 돈이 떨어져 먹을 것이 없게 되면 나에게 연락하거라. 내가 도와주마." 하는 것과도 같습니다. 이와 같은 아저씨의 배려가 소년을 얼마나 안심하게 해주겠습니까? 그러니 우리 그리스도인들이 하나님께 이와 같이 기도할 수 있는 특권이 있다는 것이 얼마나 감사한 일인지 모릅니다.

인간이 갖는 또 하나의 고통은 죄책감입니다. 죄를 범한 자는 괴로운 것입니다. 죄에서 용서를 받아야 마음이 편안합니다. 주님께서는 죄를 사하여 달라고 기도하라고 하십니다. 하나님은 우리들의 죄를 용서하시기를 원하십니다. 이렇게 기도함으로 우리는 죄책감으로 인하여 오는 무거운 짐에서 벗어날 수 있게 되는 것입니다. 이 얼마나 감사한 일입니까?

가끔 사람들은 남을 용서하지 못하고 복수심을 갖기 때문에 분노로 자기 자신을 파괴시킵니다. 그러나 주기도문을 따라 기도를 드리는 사람은 자기의 죄를 용서해 달라고 기도할 때, 남의 죄를 용서한다고 고백하는 것입니다. 이러므로 그는 분노에서 해방됩니다.

이 세상에서 살아가면서 우리는 유혹과 시험, 그리고 때로는 마귀의 위협을 받습니다. 주님은 이로부터 우리를 지켜 주시기를 원하십니다. 그리하여 신자는 하나님께 "시험에 들지 말게 하옵시고 악에서 구하옵소서" 하고 기도함으로 이 두려움과 어려움에서 보호를 받을 수 있는 것입니다.

그리고 보니 이렇게 기도할 수 있는 사람은 얼마나 놀라운 특권을 가진 자입니까? 그러므로 이 기도문의 조목조목을 자세히 상고하여 보면 참으로 은혜가 됩니다.

2. 이 기도는 하나님과의 대화입니다.

우선, "하늘에 계신 우리 아버지여"라고 부르며 시작하는 데서 이 기도의 성격을 볼 수 있습니다. 이 기도는 하나님이 계시다는 것을 전제로 하고 있습니다.

나아가, 이 기도는 하나님이 우리 아버지이신 것을 믿는 데서 시작되는 기도입니다. 따라서 이 기도는 누구나 드릴 기도가 아닙니다. 예수 그리스도와 함께 하나님을 '우리 아버지'라고 부를 수 있는 성도만의 기도입니다.

2-1. 이 기도는 독백이 아닙니다.

하나님을 아버지라고 부르며 시작하는 이 기도를 드리는 자는 그 관심이 우선 하나님에게 있는 사람입니다. 이 기도는 독백이 아니며 사람들이 들으라고 하는 것도 아닙니다. 하나님께 간구하는 기도이며, 동시에 하나님과의 대화입니다.

2-2. 이 기도는 하나님의 동기로 시작합니다.

주기도문의 순서에서 보듯이, 모범적인 기도는 간구의 순서가 하나님에 관한 것으로 시작합니다. 우리는 주기도문을 통하여 먼저 하나님의 이름이 거룩히 여김을 받으실 것을 구하고, 하나님의 나라와 그의 뜻이 땅에서 이루어지기를 위하여 기도합니다. 그 다음에 일용할 양식, 죄 문제 등등 자기의 문제를 언급합니다. 그리고 하나님의 권세와 영광에 대한 확신으로 끝마칩니다.

이러한 순서로 이루어진 기도의 본에서 보듯이, 우리의

모든 기도는 자기중심이거나 자기를 자랑하는 기도가 되어서는 안 됩니다.

누가복음 18장에 두 사람의 기도가 소개되고 있습니다. 하나는 바리새인의 기도입니다. 바리새인은 기도하면서 소리 내서 말하기를, "하나님이여 나는 다른 사람들 곧 토색, 불의, 간음을 하는 자들과 같지 아니하고 이 세리와도 같지 아니함을 감사하나이다. 나는 이레에 두 번씩 금식하고 또 소득의 십일조를 드리나이다"(눅 18:11-12)고 하였습니다. 그런가 하면 세리는 "멀리 서서 감히 눈을 들어 하늘을 우러러 보지도 못하고 다만 가슴을 치며 가로되 하나님이여 불쌍히 여기옵소서 나는 죄인이로소이다"(눅 18:13-14)라고 기도했습니다.

우리의 기도가 세리의 기도와 같은 것이 되어야 한다는 것을 명심하여야 합니다. 왜냐하면 세리는 하나님 앞에서의 자기를 고백했기 때문입니다. 우리가 과연 하나님 앞에서 자기를 자랑할 것이 무엇이 있겠습니까?

성경은 시편 46:10에서 말씀합니다.

"너희는 가만히 있어 내가 하나님 됨을 알지어다."

2-3. 이는 확신을 갖고 드리는 기도입니다.

우리는 하늘에 계신 우리 아버지께 기도를 드립니다.

"하늘에 계신 우리 아버지 하나님!"

이는 창조주이시며 초월적인 하나님을 칭하는 말입니다. 그러나 우리는 기도할 때 가끔 우리의 기도를 하나님이 들어 주실까 하는 의심을 가질 때가 있습니다.

한번은 내가 어떤 성도와 함께 금식기도를 하였습니다. 그 때 그 분이 나에게 다음과 같은 충고를 하였습니다. "가만히 보니까 목사님은 신학자이시기 때문에 기도할 때에 이런 것은 하나님이 들어주시고 저런 것은 안 들어주시겠지 하면서 기도에 제한을 두는 것 같습니다. 믿음으로 기도하십시오."라고 말입니다.

그렇습니다. 우리의 기도를 들으시는 하나님은 사도행전 4:24에서 말씀한 대로, 천지와 바다와 그 가운데 만유를 지으신 대주재이십니다. 그러기에 우리는 이러하신 하나님께는 불가능이 없음을 믿고 기도하여야 합니다. 예수님께서는 "할 수 있거든이 무슨 말이냐 믿는 자에게는 능치 못할 일이 없느니라"(막 9:23) 고 하셨습니다. 그러므로 우리는 요한일서 5:14-15의 말씀처럼 '하나님께서 나의 간구를 들어 주실 줄 믿고' 기도하여야 합니다.

"그를 향하여 우리의 가진 바 담대한 것이 이것이니 그의 뜻대로 무엇을 구하면 들으심이라 우리가 무엇이든지 구하는 바를 들으시는 줄을 안즉 우리가 그에게 구한 그것을 얻은 줄을 또한 아느니라."

특히 이 기도는 하나님 아버지께 드리는 기도라는 것을 기억하십시오. 하나님은 아버지와 같으신 분이십니다. 아버지와 같이 사랑과 자비의 하나님이십니다. 그러므로 하나님은 우리들의 기도를 들어주십니다.

주님께서 누가복음 11:9-10에서 말씀하십니다.

"내가 또 너희에게 이르노니 구하라 그러면 너희에게 주실 것이요 찾으라 그러면 찾을 것이요 문을 두드리라 그러면 너희에게 열릴 것이니, 구하는 이마다 받을 것이요 찾는 이가 찾을 것이요 두드리는 이에게 열릴 것이니라."

성도 여러분! 신뢰를 가지고 기도하시기를 바랍니다. 아버지께서는 우리들에게 필요한 것을 아시고 그것을 주시기를 희망하십니다. 그렇기에 우리는 하나님의 영광, 이름, 나라를 위하여 기도하지만, 동시에 우리에게 필요한 것들, 곧 일용한 양식, 죄책감, 유혹, 시험의 위험에 대하여도 하나님께 아뢸 수가 있는 것입니다. 이 얼마나 감사합니까?

2-4. 이는 예수의 이름으로 드리는 기도입니다.

이 기도는 하나님을 부르되 '우리 아버지'라고 부르고 있습니다. 이것이 의미하는 바는 우리가 그리스도와 함께 한 하나님의 아들이라는 뜻입니다. 따라서 우리는 주님의 이름으로 기도합니다.

예수님께서 요한복음 14:13-14에서 말씀하셨습니다.

"너희가 내 이름으로 무엇을 구하든지 내가 시행하리니 이는 아버지로 하여금 아들을 인하여 영광을 얻으시게 하려 함이라 내 이름으로 무엇이든지 내게 구하면 내가 시행하리라."

예수님이 그랬듯이 우리들도 왕과 같은 제사장이요, 거룩한 백성이기에 예수의 이름으로 하나님 앞에 나아갈 수가 있는 것입니다(벧전 2:5, 9). 이 얼마나 놀라운 특권입니까?

그러나 이런 하나님을 우리 아버지라고 부를 수 있는 특권은 아무나 갖는 것이 아님을 기억하십시오. 예수 그리스도와 연합된 자들, 곧 중생한 사람들만이 그리할 수 있습니다. 예수님은 예수를 믿는 자와 믿지 않는 자를 구별하여 말씀하셨습니다. 영적인 견지에서 보면, 이 세상에는 하나님의 아들과 마귀의 아들이 있습니다. 예수님은 요한복음

8:42와 44에서 다음과 같이 말씀하셨습니다.

"하나님이 너희 아버지였으면 너희가 나를 사랑하였으리니 이는 내가 하나님께로 나서 왔음이라 … 너희는 너희 아비 마귀에게서 났으니 너희 아비의 욕심을 너희도 행하고자 하느니라 저는 처음부터 살인한 자요 진리가 그 속에 없으므로 진리에 서지 못하고 거짓을 말할 때마다 제 것으로 말하나니 이는 저가 거짓말쟁이요 거짓의 아비가 되었음이니라."

그러므로 우리가 이 훌륭한 기도를 드릴 수 있기 위하여 먼저 우리가 하나님의 자녀라는 것을 확인하시기를 바랍니다.

그러면 어떻게 하나님의 자녀가 될 수 있습니까? 주님은 요한복음 1:12-13에서 말씀하십니다.

"영접하는 자 곧 그 이름을 믿는 자에게는 하나님의 자녀가 되는 권세를 주셨으니 이는 혈통으로나 육정으로나 사람의 뜻으로 나지 아니하고 오직 하나님께로서 난 자들이니라."

이 시간에 여러분들은 스스로가 하나님의 참 자녀인가를 확인하기를 바랍니다. 혹시 아직도 고아 상태로 있지는 않습니까? 믿어야 하는데 아직도 이에 대한 확신이 없습니까? 성령님께서 이 시간에 확신을 주시기를 바랍니다. 요한일서 4:15에 보면, "예수를 하나님의 아들이라 시인하면 하나님이 저 안에 거하시고 저도 하나님 안에 거하느니라"고 하였습니다.

하나님의 자녀가 되었어도 하나님을 멀리 떠나 있는 영혼이 있습니까? 지금 돌아 오셔서 아버지에게 안기시기를 바랍니다. 이때에 우리는 "하늘에 계신 우리 아버지!" 하고 기도를 드리게 되는 것입니다. 아멘!

제 2장

이름이 거룩히 여김을 받으시오며

마태복음 6:9-13
그러므로 너희는 이렇게 기도하라

하늘에 계신 우리 아버지여
이름이 거룩히 여김을 받으시오며
나라이 임하옵시며
뜻이 하늘에서 이룬 것 같이 땅에서도 이루어지이다

오늘날 우리에게 일용할 양식을 주옵시고
우리가 우리에게 죄 지은 자를 사하여 준 것 같이
우리 죄를 사하여 주옵시고
우리를 시험에 들게 하지 마옵시고
다만 악에서 구하옵소서

(나라와 권세와 영광이 아버지께 영원히 있사옵나이다. 아멘.)

제 2장
이름이 *거룩*히 여김을 *받으*시오며

　주기도문을 살펴보면, 그 간구가 어떤 의미에서 십계명의 순서와 유사함을 볼 수 있습니다. 첫 번째 세 가지 간구는 십계명의 처음 네 개 계명들과 일치하고, 나머지 세 가지 간구는 십계명의 나머지 여섯 개 계명들과 일치합니다. 곧 주님이 가르쳐 주신 기도는 먼저 하나님의 영광, 또는 하나님의 주장에 관심을 갖고 시작합니다. 그리하여 주기도문에 따라 우리는 먼저 '하나님의 이름이 거룩히 여김을 받으시며 하나님의 나라와 그의 뜻이 성취되도록' 기도하게 되는 것입니다. 이것이 하나님이 원하시는 것이기에 이를 위하여 먼저 기도하여야 합니다.

그리하여 우리가 드리는 첫째 간구는 바로 '하나님의 이름이 거룩히 여김을 받게 하여 달라'고 하는 기원입니다.

"하나님의 이름을 거룩하게 하시옵소서"(Hollowed be thy name).

1. 여기서 '이름'은 무엇을 의미합니까?

이름에 대한 옛날 이스라엘 사람들의 개념은 우리 옛날 어른들의 생각과 비슷했던 것 같습니다. 요즈음 사람들은 꼭 그렇지만은 않은 듯한데, 우리나라 옛 어른들은 사람의 이름을 지을 때에 그 이름의 의미를 생각하여 작명하곤 했습니다.

유대인들은 더욱 그랬습니다. 유대사람들은 본래 성이 없습니다. 항렬도 없습니다. 성경에 나오는 이름들을 보세요. 야곱이면 야곱이라 했지, 그의 성이 따로 없었습니다. 그리하여 야곱을 부를 때는 이삭의 아들 야곱이라고 했습니다. 그러나 그들은 각 개인에게 주어지는 이름을 통하여 그 사람의 정체를 나타내곤 하였습니다.

예를 들어, '아브람'은 '아버지'라는 뜻인데 나중에는 그를 '아브라함', 즉 '열국의 아비'라는 의미를 가진 이름으로 불렀습니다. 그의 정체가 달라졌기 때문이었습니다. 그가 후손을 많이 두는 큰 아버지가 되기 때문에 이름을 바꾼 것입니다. '야곱'을 나중에 '이스라엘'이라고 부르게 된 것도 그렇습니다. 야곱의 출생이 그러했듯이, 야곱이라는 그 이름은 '발꿈치를 잡은 자', '빼앗은 자'란 뜻입니다. 그러나 그가 천사와 씨름을 하여 이긴 다음에는 그가 하나님과 겨루어 이기었기에 그의 이름을 '이스라엘'이라고 불렀습니다(창 32:28). 그리고 우리 주님의 이름 '예수'는, 그가 '자기 백성을 저희 죄에서 구원할 자'이기에 그 의미를 담은 이름으로 그렇게 부른 것입니다.

이와 같이 옛날 유대 사회에서는 이름이 그 사람의 성품과 인격과 사역, 그 모두를 대표하는 것, 곧 그 사람 자체를 의미하는 것이었습니다. 이런 개념에서 생각할 때에 주기도문에서 '아버지의 이름'은 하나님 전체를 의미하는 것입니다. 예수님께서 "세상 중에서 내게 주신 사람들에게 내가 아버지의 이름을 나타내었나이다"(요 17:6)라고 하신 것은 그저 그 이름을 가르쳐 주었다는 뜻이 아닙니다. 이것은 아버지가 어떠한 하나님이라는 것을 분명하게 나타내어 주었다는 뜻인 것입니다.

이와 같이 하나님은 자신의 계시에 의하여 자신이 세상에 보여지도록 하고 우리가 하나님을 인식하면서 살도록 하셨습니다. 그래서 시편기자가 시편 9:10에서 "여호와여 주의 이름을 아는 자는 주를 의지하오리니 이는 주를 찾는 자들을 버리지 아니하심이니이다"라고 했을 때, 그것은 주의 이름을 단순히 안다고 하는 의미가 아니라, 주가 어떤 분이신지 알아 그를 의지한다는 의미인 것입니다.

그러므로 유대인들은 하나님의 이름을 소중히 여겼습니다. 십계명에도 "여호와 너희 하나님의 이름을 망령되이 일컫지 말라"고 하지 않았습니까? 레위기 24:16에는 여호와의 이름을 훼방하면 그를 반드시 죽이리라는 모세의 율법이 있습니다.

그러므로 여기서 아버지의 이름을 거룩하게 한다는 말은 하나님 아버지를 거룩하게 한다는 뜻입니다.

2. 아버지의 이름은 우리들이 거룩하기를 요청합니다.

하나님의 계시 행위는 기도에서 현실이 됩니다. 곧 우리가 기도하는 순간, 하나님의 거룩하심을 인식하고 그렇게 고백하게 되는 것입니다.

하나님은 거룩한 하나님이십니다. 그 분은 우리가 거룩하게 함으로 거룩하여지는 하나님이 아니십니다. 본래적으로 거룩하신 분이십니다. 하나님은 우리가 아버지라고 부르지만 우리 인간을 초월하는 높으신 분이며, 악과 흠이 없으시고 의와 사랑으로 완전하신 분입니다. 그 분은 그가 거룩한 것과 같이 우리가 거룩하기를 요구하시는 하나님이십니다. 하나님은 "내가 거룩하니 너희도 거룩하라"고 명령하십니다. 우리의 기도는 바로 이 명령에 순종하는 것입니다.

따라서 이 기원은 하나님의 이름을 부르는 성도들이 거룩하게 생활하여 하나님이 거룩히 여김을 받게 하여야 한다는 뜻입니다. 소극적으로 표현하면, 이 기도는 이 세상에서 거룩하지 않은 우리들의 생각과 행동 때문에 하나님의 거룩한 이름이 욕되지 않게 하여야 한다는 뜻입니다. 세상에서도 아들이 잘못하면 그 아버지의 얼굴에 먹칠을 하는 것이 되고, 반대로 아들이 정직하게 일을 잘하면 그로 인하여 그의 아버지가 높임을 받게 되지 않습니까? 그와 같이 이 간구는 '아버지께서 우리를 통하여 하나님 자신의 이름을 거룩하게 하시기를 바란다' 는 뜻입니다.

그러므로 아버지의 이름이 거룩히 여김을 받으시기를 기원하는 우리는 하나님 아버지의 자녀답게 거룩한 생활을 하겠다는 헌신을 해야 합니다. 기도의 이면은 헌신입니다. 칼빈은 '기도는 하나님의 명령에 대한 순종'이라고 주장했습니다.

3. 어떻게 행하여야 하나님의 이름이 거룩히 여김을 받을 수 있습니까?

3-1. 하나님의 존재를 인정하여야 합니다.

존재를 인정하지 아니하는 것은 바로 그 사람을 무시하는 것입니다. 그러므로 하나님의 이름이 거룩히 여김을 받게 하기 위해서는 먼저 하나님의 존재를 인정하여야 합니다. 내가 하나님을 인정하고 믿을 뿐 아니라, 모든 사람이 하나님을 인정하고 믿게 되기 위하여 기도하며 힘써야 합니다.

하나님의 존재를 믿되 물활론자나 범신론자들처럼 믿어서는 안 됩니다. 또는 자연신론자들처럼 믿어서도 안 됩니다. 교회가 사도신경을 통하여 고백하는 대로 믿어야 합니다. 즉, 우리는 하나님을 믿되, 천지를 창조하시고 세계를 섭리하시는 하나님, 예수 그리스도를 통하여 구원을 나타내신 하나님, 성령을 통하여 지금도 우리 안에서 사역하시는 거룩한 하나님으로 믿어야 합니다.

성경이 가르치는 하나님은 거룩하시고, 사랑이시며, 의로우신, 우리 아버지이십니다. 성경은 히브리서 11:6에서 말씀하십니다. "믿음이 없이는 기쁘시게 못하나니 하나님께 나아가는 자는 반드시 그가 계신 것과 또한 그가 자기를 찾는 자들에게 상 주시는 이심을 믿어야 할지니라."

3-2. 하나님의 자녀들이 바르게 살아가야 합니다.

하나님이 거룩하시기에 하나님의 자녀도 거룩한 생활을 하여야 합니다. 성경은 레위기 11:45에서 "내가 거룩하니 너희도 거룩할지어다"라고 명하셨습니다.

또 데살로니가전서 4:3-8에서 다음과 같이 말씀합니다.

"하나님의 뜻은 이것이니 너희의 거룩함이라 곧 음란을 버리고 각각 거룩함과 존귀함으로 자기의 아내 취할 줄을 알고 하나님을 모르는 이방인과 같이 색욕을 좇지 말고 이 일에 분수를 넘어서 형제를 해하지 말라 이는 우리가 너희에게 미리 말하고 증거한 것과 같이 이 모든 일에 주께서 신원하여 주심이니라 하나님이 우리를 부르심은 부정케 하심이 아니요 거룩케 하심이니 그러므로 저버리는 자는 사람을 저버림이 아니요 너희에게 그의 성령을 주신 하나님을 저버림이니라."

또한 성경은 아모스 2:6-7에서 다음과 같이 말씀합니다.

"여호와께서 가라사대 이스라엘의 서너 가지 죄로 인하여 내가 그 벌을 돌이키지 아니하리니 이는 저희가 은을 받고 의인을 팔며 신 한 켤레를 받고 궁핍한 자를 팔며 가난한 자의 머리에 있는 티끌을 탐내며 겸손한 자의 길을 굽게 하며 부자가 한 젊은 여인에게 다녀서 나의 거룩한 이름을 더럽히며."

로마서 2:24에 "하나님의 이름이 너희로 인하여 이방인 중에서 모독을 받는도다"는 말씀이 있습니다. 이는 그 당시 선민, 즉 거룩한 백성이라고 자처하던 이스라엘 사람들의 불의와 음란으로 인해 하나님의 거룩한 이름이 더럽혀졌다는 말씀입니다.

마찬가지로 오늘날 예수를 믿어 거룩한 하나님의 자녀라고 하는 신자들도 실수하여 죄를 범합니다. 그러므로 신자들은 자신이 하나님의 이름을 모독하는 일은 없는가 살피면서 경건한 생활을 하여야 합니다. 불신자가 죄를 범하면 그것은 그 책임이 개인에게 돌아가지만, 신자가 범죄하면 하나님의 거룩한 이름이 모독을 당하기 때문입니다.

그리하여 신학자인 칼 바르트는 이 기도가 의미하는 것을 다음과 같이 말했습니다.

"하나님의 교회가 세상 가운데서 할 일을 하게 하소서.

하나님께서 당신의 아들을 통하여 우리에게 하셨던 말씀이 헛되지 않게 하소서.

성서가 끊임없는 우리의 주의를 끌도록 기도하게 하소서.

설교에서 하나님의 말씀이 날마다 새롭게 우리에게 하나님의 말씀이 되게 하소서."

그렇습니다. 우리 그리스도인들은 하나님의 말씀대로 살도록 하여야 합니다. 기도하는 신자가 되어야 하겠습니다.

3-3. 세상 사람이 하나님을 믿게 하여야 합니다.

우리는 구별되게 삶으로써 이 세상 사람들이 하나님을 인정하고 믿게 하여야 합니다. 이 세상 사람들 가운데는 하나님을 인정하지 않는 사람이 많습니다. 예를 들면, 무신론자와 회의주의자들이 있습니다. 그런 사람들로 인해 하나님의 거룩한 이름이 온 우주에서 훼방을 받고 있습니다. 따라서 우리는 전도하여 온 우주에서 하나님의 이름이 거룩히 여김을 받도록 하여야 하겠습니다.

우리의 기도는 종교개혁자인 칼빈이 말한 대로 하나님의 명령에 대한 순종입니다. 우리의 아름다운 순종이 우리의 기도를 아름답게 합니다. 우리의 전도가 우리들의 거룩한 행동으로 뒷받침되어질 때 하나님은 우리를 통하여 세상에서 거룩하게 되는 것입니다. 사도 바울이 고린도후서 3:2에서 말한 대로, 믿는 우리들이 그리스도의 편지가 되어야 합니다.

말씀을 맺겠습니다.
우리가 마지막으로 기억하여야 할 것은, 하나님의 이름을 거룩하게 함에 있어서 존재가 행위에 우선한다는 것입니다. 그러므로 기도할 때 우리 자신이 하나님의 은혜로 변화되어 거룩해져야 합니다. 우리가 생각에서 거룩해져야 합니다. 우리가 말에서 거룩해져야 합니다. 우리가 행위에서 거룩해져야 합니다. 우리의 가정에서 하나님의 이름이 거룩히 여김을 받아야 합니다. 우리의 교회 안에서 하나님의 이름이 거룩히 여김을 받아야 합니다. 하나님은 자신의 거룩함이 성도들의 거룩함으로 거룩하여 지기를 원하시기 때문입니다.

제 3장

나라이 임하옵시며

마태복음 6:9-13
그러므로 너희는 이렇게 기도하라.

하늘에 계신 우리 아버지여
이름이 거룩히 여김을 받으시오며
나라이 임하옵시며
뜻이 하늘에서 이룬 것 같이
땅에서도 이루어지이다.

오늘날 우리에게 일용할 양식을 주옵시고
우리가 우리에게 죄 지은 자를 사하여 준 것 같이
우리 죄를 사하여 주옵시고
우리를 시험에 들게 하지 마옵시고
다만 악에서 구하옵소서.

(나라와 권세와 영광이 아버지께
영원히 있사옵나이다. 아멘.)

제 3장
나라이 임하옵시며

주기도문은 "아버지의 이름이 거룩히 여김을 받으시며"에서 "아버지의 나라가 임하옵시며"로 연결됩니다.

1. 하나님의 나라는 어떤 것입니까?

주님의 나라, 곧 하나님의 나라, 이는 복음의 중심입니다. 예수님이 이 땅에 오셔서 말씀하신 제 일성도 "하나님 나라가 가까왔으니 회개하고 복음을 믿으라"(막 1:15)는 것이었습니다.

그러면 하나님의 나라는 어떤 것입니까?

신약 성서에서 하나님의 나라는 하나님의 다스림, 곧 하나님의 의지에 일치하는 세상의 삶과 목적을 의미합니다. 따라서 하나님의 나라는 지경을 가리키는 나라가 아닙니다. 사도 바울이 로마서 14:17에서 "하나님의 나라는 먹는 것과 마시는 것이 아니요 오직 성령 안에서 의와 평강과 희락이라"고 말했듯이, 하나님의 나라는 신령한 나라입니다.

신학자 칼 바르트가 주기도문 강해에서 말한 대로, 하나님의 나라는 죄에 대한 최후 승리입니다. 그것은 하나님과 세상의 화해입니다(고후 5:19). 그 화해의 결과로 새로운 세상이 이루어지며 의로운 하나님의 정의가 실현됩니다. 이 하나님의 나라는 예수 그리스도에게서, 그리고 그 분을 통하여 임합니다. 예수님이 하나님의 뜻에 순종하며 그 안에 살고 있었기 때문입니다. 그러므로 예수님이 임하시는 곳에 하나님의 나라가 임재합니다. 예수님을 구주로 영접하여 예수의 이름으로 기도드리는 순간, 우리는 이미 사탄의 왕국에서 벗어나 하나님의 나라 백성이 되는 것입니다. 이에 우리는 하늘에 계신 하나님을 '우리 아버지'라고 부르게 됩니다.

그러기에 우리는 "주님의 나라가 임하옵시며"라고 기도 드려지는 곳에는 하나님의 나라가 이미 임하였다는 것을 압니다. 하나님은 이미 예수님을 구주로 믿는 우리 가운데 그의 나라를 확립하셨습니다. 주님께서 누가복음 17:21에서 "하나님의 나라는 너희 안에 있느니라"고 하셨듯이 하나님의 나라는 예수님과 함께 이미 우리 성도 안에서 시작된 것입니다.

하나님의 나라의 영역은 예수님을 통하여 개인에서 가정, 사회, 마침내 온 우주로 확장되어나가 결국 천국으로 연장되어 그 완성에 이르게 됩니다. 이렇듯 하나님의 나라의 완성은 예수님의 재림으로 성취될 것입니다. 그런 의미에서 우리는 중간시대에 살고 있습니다. 하나님의 나라가 이미 임했으나 완성되지는 않은 것입니다. 우리는 지금은 아직 마귀의 나라와 싸움을 하고 있는 것이며, 하나님의 나라의 완성을 소망 중에 대망하는 시점에 있습니다. 이러한 시점에서 우리 그리스도인은 하나님의 나라가 임하기를 기도하여야 합니다.

2. 어떻게 하는 것이 그 나라가 임하도록 하는 것입니까?

하나님의 나라의 도래는 하나님의 사역에 의하여 일어날 수 있습니다. 그러나 하나님은 그것이 우리의 기도, 곧 헌신을 통하여 일어나기를 원하고 계십니다. 그것은 주님이 마태복음 6:33에서 '하나님을 믿는 자들이 먼저 하나님의 나라와 그의 의를 구하라'고 명령하신 데서 발견됩니다.

그러면 우리가 어떻게 하는 것이 주님의 나라가 임하도록 하는 것입니까?

2-1. 기도에는 순종과 헌신이 따라야 합니다.

앞에서 말한 바와 같이 기도의 이면은 하나님의 명령에 대한 순종이요 우리의 헌신입니다. 그러므로 우리는 오늘도 성령의 역사를 힘입어 죄악을 이기며 나가야 합니다.

우리는 먼저 죄악을 씻어내야 합니다. 죄를 범하면 마귀에게 속하기 때문입니다(요일 3:8). 그러기 위하여 우리는 성령을 힘입어야 합니다. 성령의 능력이 없이는 사탄의 공격을 이길 수 없습니다. 그래서 어떤 성경 사본에는 누가복음 11장의 주기도문에 "나라이 임하옵시며"라는 기원 다음에 "당신의 성령이 우리에게 오셔서 우리를 정결케 하소서(You Holy Spirit come upon us and cleans us!)"라는 말이 있습니다.

2-2. 각 사람에게 하나님의 나라가 임하도록 기도해야 합니다.

우리는 '사람이 어떻게 하나님 나라에 들어갈 수 있습니까?' 라는 질문을 가질 수 있습니다. 과연 개인에게 어떻게 하나님의 나라가 임하게 됩니까?

앞에서 말한 대로, 사람이 죄를 회개하고 복음을 믿어 예수를 구주로 영접하여야 합니다. 존 웨슬리가 그의 설교에서 말했듯이, 예수를 믿되 우리 죄를 위하여 십자가에서 대속의 죽임을 당하신 구주로 그 분을 믿어야 합니다.

로마서 10:9-10에서 말씀합니다.

"네가 만일 네 입으로 예수를 주로 시인하며 또 하나님께서 그를 죽은 자 가운데서 살리신 것을 네 마음에 믿으면 구원을 얻으리니 사람이 마음으로 믿어 의에 이르고 입으로 시인하여 구원에 이르느니라."

우리가 예수님을 구주로 믿을 때에 하나님의 나라가 신자의 마음에 싹트는 것입니다. 그 때에 전능하신 하나님께서 우리를 통치하시는 것입니다.

그러므로 우리는 이웃 사람들, 우리가 사랑하는 사람들이 예수를 구주, 만왕의 왕으로 받아들이도록 기도하여야 하겠습니다. 동시에 전도하는 일에 헌신을 다짐하고 실천하여야 하겠습니다.

2-3. 사회에 자유, 정의, 평화가 깃들도록 기도해야 합니다.

우리가 추구하는 하나님의 나라는 자유와 정의와 평화, 이 모든 것이 깃들어 있습니다. 부자유함이나 불의나 불안은 하나님의 나라가 아닙니다. 그런고로 우리 신자들은 이 땅 위에 하나님의 정의가 세워지도록 기도하여야 합니다. 이 땅 위에 얼마나 억울함을 당하는 사람들이 많습니까? 성도들은 이에 대한 하나님의 개입을 빌어야 합니다. 하나님의 공의가 세워지도록 기도하며 힘써야 합니다. 전쟁에 휩싸인 이 세상에 하나님의 평화가 깃들 수 있도록 기도하여야 합니다.

거듭 말하거니와 기도의 이면은 헌신입니다. 따라서 우리는 하나님의 나라가 정의롭다는 것을 증거하는 헌신의 삶을 살아야 합니다. 하나님만이 가져다주는 자유, 평화를 증거하여야 합니다.

우리는 온전한 복음을 증거하여야 하기에, 그리스도의 복음을 증거할 때 죄에서의 용서받는 복음뿐 아니라, 악의 세력을 이기시는 하나님의 나라, 공의의 하나님의 나라도 증거하여야 합니다.

2-4. 하나님 나라의 완성을 위하여 기도해야 합니다.

앞에서도 강조했듯이, 예수님의 사역으로 시작된 하나님의 나라는 아직 완성되지 않았습니다. 예수님의 재림으로 하나님의 나라는 완성을 기다리고 있습니다. 그러므로 우리는 '마라나타! 주여 어서 오시옵소서!' 하고 그날의 도래를 위해 기도하며 힘써야 합니다.

그 날은 꼭 옵니다. 그 날의 도래를 향한 소망에 불붙도록 기도하여야 합니다. 이 소망은 우리를 정결케 합니다(요일 3:3). 또한 이 소망이 우리를 죽음의 공포에서 벗어나게 할 것입니다. 이 소망에서 우리는 사탄의 나라와 싸워 이겨 나갈 것입니다. 이를 위하여 우리는 복음 전도를 열심히 하여야 합니다.

주님은 마태복음 24:14에서 말씀하십니다.

"이 천국 복음이 모든 민족에게 증거되기 위하여 온 세상에 전파되리니 그제야 끝이 오리라"

혹 그 날이 더디 올지도 모른다는 불신이 생깁니까? 만약 그 날이 더디 온다면 그것은 오로지 한 사람이라도 더 구원받게 하기 위한 하나님의 사랑 때문입니다.

사도 베드로는 베드로후서 3장 9절 이하에서 말씀합니다.

"주의 약속은 어떤 이의 더디다고 생각하는 것같이 더딘

것이 아니라 오직 너희를 대하여 오래 참으사 아무도 멸망치 않고 다 회개하기에 이르기를 원하시느니라. 그러나 주의 날이 도적같이 오리니 그 날에는 하늘이 큰 소리로 떠나가고 체질이 뜨거운 불에 풀어지고 땅과 그 중에 있는 모든 일이 드러나리로다 이 모든 것이 이렇게 풀어지리니 너희가 어떠한 사람이 되어야 마땅하뇨 거룩한 행실과 경건함으로 하나님의 날이 임하기를 바라보고 간절히 사모하라"(벧후 3:9-12).

제 4장

뜻이 하늘에서 이룬 것같이 땅에서도 이루어지이다

마태복음 6:10

뜻이 하늘에서 이룬 것같이 땅에서도 이루어지이다.

제 4장

뜻이 하늘에서 이룬 것같이 땅에서도 이루어지이다

하나님의 나라의 도래를 위하여 기도하는 우리는 이어서 하나님의 뜻이 이 땅에 이루어지기를 위하여 기도하게 됩니다. 한 나라가 세워지기 위해서는 그 나라의 법이 세워져야 함과 같이, 하나님의 나라에서는 하나님의 뜻이 이루어져야 하기 때문입니다.

우리에게 '하나님의 뜻이 이루어지게 하옵소서' 하고 기도하라고 하신 예수 그리스도께서는 하나님의 뜻을 그 누구보다 온전히 이루어 보이셨습니다. 요한복음 6:38-39에 보면, "내가 하늘로서 내려온 것은 내 뜻을 행하려 함이 아니요 나를 보내신 이의 뜻을 행하려 함이니라"고 하는 예수님의 말씀이 기록되어 있습니다. 이처럼 예수께서는 어려움과 역경 속에서도 '내 뜻'이 아니라 '하나님의 뜻'을 이행하셨습니다.

이러한 주님의 태도와 삶은 마태복음 26:39에 기록되어 있는 겟세마네 동산에서의 기도에 잘 표현 되어 있습니다.

"만일 할 만하시거든 이 잔을 내게서 지나가게 하옵소서. 그러나 나의 원대로 마옵시고 아버지의 원대로 하옵소서."

이와 같이 예수님에게 있어서는 세상에 오신 목적과 생활의 원리가 하나님의 뜻을 행하는 데 있었습니다. 따라서 하나님의 자녀는 하나님의 뜻을 행하는 삶을 살아야 합니다.

주님께서는 마태복음 12:50에서 말씀하시기를, "누구든지 하늘에 계신 내 아버지의 뜻대로 하는 자가 내 형제요 자매요 모친이니라"라고 하셨습니다. 그러나 이러한 결단은 저절로 또는 쉽게 이루어지는 것이 아닙니다. 하나님의 도우심으로 우리의 순종, 헌신을 통해 이루어지는 것입니다. 그러기에 우리는 이 기도를 드리는 것입니다.

1. 하나님의 뜻이 하늘에서 이룬 것 같이.

우리는 하나님의 뜻이 하나님이 계시는 하늘에서는 아무 저항도 없이 이루어진 것을 믿습니다. 그 곳에서는 하나님의 뜻이 하나님이 의도하셨던 대로 이루어졌고 앞으로도 이루어질 것입니다. 그리고 하나님의 뜻은 예수 그리스도에게서 드러났습니다.

이처럼 하나님의 뜻은 계시되었습니다. 우리는 그것이 이 땅에서도 실현 가능할 것이라는 소망을 가지게 됩니다. 우리는 하나님의 뜻이 하늘에서, 그리고 예수 안에서 이루어졌듯이, 이 땅 위에서도 이루어지기를 기원합니다.

2. 하나님의 뜻이 땅에서 이루어지이다.

그러기에 주님을 따르는 신자는 현세에서 하나님의 뜻이 이루어지도록 기도하며 헌신하여야 합니다. 물론 하나님의 뜻의 성취를 우리가 이룩할 수는 없습니다. 그것은 오로지 하나님이 이루시는 것입니다. 그러나 하나님은 이를 우리와 함께 이루시기를 원하십니다.

2-1. 교회생활에서 하나님의 뜻이 이루어지기를 위해 기도해야 합니다.

하나님의 뜻이 교회에서 세워지기를 바랍니다.

교회는 이 세상을 본받지 말아야 합니다. 사도 바울은 로마서 12:1-2에서 "그러므로 …너희 몸을 하나님이 기뻐하시는 거룩한 산 제사로 드리라. 이는 너희의 드릴 영적 예배니라. 너희는 이 세대를 본받지 말고 오직 마음을 새롭게 함으로 변화를 받아 하나님의 선하시고 기뻐하시고 온전하신 뜻이 무엇인지 분별하도록 하라"고 하셨습니다. 하나님의 기뻐하시고 온전하신 뜻을 분별하는 생활을 하게 되기를 바랍니다.

2-2. 세상에서 하나님의 뜻이 이루어지기를 위해 기도해야 합니다.

위에서 간구했듯이 우리는 하나님의 나라와 하나님의 뜻이 이 세상에서 승리하기를 기원하여야 합니다. 하나님의 뜻을 거스르는 모든 권세가 심판을 받고 사탄의 세력을 물리치고 하나님의 뜻에 복종하게 되기를 바랍니다. 그 때에 우리가 기원하는 하나님의 나라는 이 땅 위에도 도래할 것입니다.

2-3. 신자 개인의 삶에서 하나님의 뜻이 이루어지기를 위해 기도해야 합니다.

무엇보다도 우리 개인의 생활에서 예수님을 본받아, 나의 뜻이 아니라 하나님의 뜻을 따르는 기도와 결심이 있어야 하겠습니다. 그러기 위하여 우리는 성령 충만 곧 성결의 은혜를 받아야 합니다.

사도 바울은 데살로니가전서 4:3에서 "하나님의 뜻은 이것이니 너희의 거룩함(ἁγιασμός)이라"고 하였습니다. 오늘날 음란한 세상 가운데서 음란을 버리고, 형제의 권리를 침범하거나 그를 속이거나 해서는 안 됩니다(살전 4: 4-6). 히브리서 12:14에서는 "거룩함(ἁγιασμός)을 좇으라 이것이 없이는 아무도 주를 보지 못하리라"고 하였습니다.

그러므로 거듭난 신자는 거기에 안주하지 말고 성령충만한 삶, 곧 온전한 성화의 지경에 이르도록 힘써야 하겠습니다. 그리하여 항상 기뻐하고, 쉬지 말고 기도하며, 범사에 감사하는 성숙한 성도의 생활을 하여야 할 것입니다. 성경은 그런 성숙한 생활을 하는 것이 그리스도 안에서 너희를 향하신 하나님의 뜻이라고 했습니다(살전 5:16-18).

제 5장

일용할 양식을 주옵시고

마가복음 8:1-10
그 즈음에 또 큰 무리가 있어 먹을 것이 없는지라 예수께서 제자들을 불러 이르시되
내가 무리를 불쌍히 여기노라 저희가 나와 함께 있은 지 이미 사흘이매 먹을 것이 없도다
만일 내가 저희를 굶겨 집으로 보내면 길에서 기진하리라 그 중에는 멀리서 온 사람도 있느니라
제자들이 대답하되 이 광야에서 어디서 떡을 얻어 이 사람들로 배부르게 할 수 있으리이까 예수께서 물으시되 너희에게 떡 몇 개나 있느냐 가로되 일곱이로소이다 하거늘
예수께서 무리를 명하사 땅에 앉게 하시고 떡 일곱 개를 가지사 축사하시고 떼어 제자들에게 주어 그 앞에 놓게 하시니 제자들이 무리 앞에 놓더라
또 작은 생선 두어 마리가 있는지라 이에 축복하시고 명하사 이것도 그 앞에 놓게 하시니
배불리 먹고 남은 조각 일곱 광주리를 거두었으며
사람은 약 사천 명이었더라 예수께서 저희를 흩어 보내시고 곧 제자들과 함께 배에 오르사 달마누다 지방으로 가시니라.

마태복음 6:11
오늘날 우리에게 일용할 양식을 주옵시고.

제 5장
일용할 양식을 주옵시고

앞에서 살펴본 바, 주기도문에 나타나고 있는 간구는 하나님의 주권과 영광에 관한 것을 청원한 다음에 이제 '우리'의 것에 관심을 갖습니다. 하나님은 피조물, 특히 그의 백성에 대하여 관심이 있기 때문입니다.

하나님의 나라는 예수님의 사역과 십자가에 의하여 이미 현재적으로 실현되었으나, 한편으로는 그 완성을 앞에 내다보고 있습니다. 우리는 그 중간 시간에 살고 있는 것입니다. 그러므로 우리를 위한 간구는 '이미'와 '아직' 사이에서 요청되는 것입니다. 우리의 기도는 하나님 나라의 도래를 기대하는 전제 위에서 기도하는 것임을 분명히 기억해야 합니다. 그러므로 이 간구는 주님께서 산상수훈에서 하신 분부, 곧 "먼저 그의 나라와 그의 의를 구하라 그리하면 이 모든 것을 너희에게 더하시리라"(마 6:33)는 말씀의 순서와 일치하는 것입니다.

주님께서는 '우리를 위한 간구'에서 세 가지, 곧 일용할 양식, 죄 문제, 시험과 악의 세력에 대한 위험과 공포에 대하여 간구하라고 명하고 계십니다. 이 세 가지에 대한 간구에는 우리 인간 생활에서 가장 필요한 것이 망라되어 있습니다. 하나님 아버지께서는 그와 같은 우리의 당면 문제에 대하여 관심을 가지고 계신 것입니다. 빈곤과 범죄와 질병을 흔히 사회의 3대 악(惡)이라고 말하지 않습니까. 그것은 곧 현재, 과거, 미래에 관한 문제들입니다.

그러면 우리를 위한 간구의 각각에 대하여 상고해 보기로 합시다.

"오늘날 우리에게 일용할 양식을 주옵소서."

1. 하나님은 우리의 육신생활에도 관심을 가지십니다.

성경을 보면 예수님은 자신을 생명의 떡이라고 묘사하기

도 했습니다. 그리하여 양식이라는 말은 예수님을 가리킨다고 보는 사람도 있습니다. 루터도 이 점을 강조하였습니다. 그러나 본문이 가리키는 것은 육의 양식을 의미한다고 생각됩니다.

또 어떤 이들은 하나님을 물질에 관심이 없는 분으로 생각하기도 하지만, 이는 지나친 생각입니다. 하나님께서는 우리들의 육신도 중요시하신다는 것을 간과해서는 안 됩니다. 하나님의 구원은 우리들의 육신을 포함합니다. 하나님이 계획하신 구원은 몸의 부활을 포함한 전인적인 구원입니다. 따라서 하나님은 우리의 육신의 생활에도 관심을 가지시고 계십니다. 이스라엘 사람들이 광야를 여행할 때 하늘로부터 만나와 메추라기를 내려 그들을 돌보신 하나님이십니다. 예수님께서는 굶주린 군중에게 오병이어의 이적으로 오천 명에게 떡을 먹이셨습니다.

그러므로 여기 주기도문에서 말하는 '양식'은 육신의 양식을 가리킵니다. 곧 하나님께서는 먹을 것이 없어 걱정이 되면 아버지께 간구하라고 하신 것입니다.

저 옛날, 사랑하는 선지자를 까마귀를 통해서라도 먹여주셨던 하나님, 그 하나님이 바로 우리를 돌보시는 줄 믿습니다. 이 얼마나 감사한 일입니까? 하나님은 해와 달을 만들어 비추시고 하늘에서 비를 내어 농사를 짓게 하시는 하나님이십니다. 그러기에 근원적으로는 모든 식물도 하나님의 은총으로 임하는 것입니다. 따라서 우리는 믿음으로 일용할 양식을 위하여 하나님께 간구하여야 합니다.

2. 우리는 육의 떡과 영의 양식을 필요로 합니다.

우리가 필요로 하는 것이 육의 떡만은 아닙니다. 우리에게는 신령한 영의 양식도 필요합니다. 그러기에 어거스틴은 여기에서 말하고 있는 '양식'이 하나님의 말씀, 육의 떡, 성찬식에서 나타나는 성별된 떡, 이 세 가지 모두를 포함한다고 하였습니다.

여기에서 말하는 양식은 우리에게 필요한 것 모두를 포함하는 것입니다. 곧 우리가 사는 데 필요한 모든 것을 의미합니다.

우리의 생활에 관심을 가지시는 아버지 앞에 필요한 것을 다 간구하십시오. 이것은 하나님 아버지의 자녀인 우리들의 특권입니다.

3. 오늘날 우리에게 일용할 양식만을
구하여야 합니다.

주님은 오늘날 우리에게 일용할 양식을 구하라고 하였습니다.

3-1. 존재에 필수적인 것을 구해야 합니다.

먼저 우리는 '일용할 양식'(Τὸν ἄρτον ἡμῶν τὸν ἐπιούσιον)이라는 말에 귀를 기울여야 합니다. 여기 '일용할'이라는 말을 새 번역과 공동번역에서는 '필요한'이라고 번역했습니다. 영어로는 'daily', 독일어로는 'taglich'로 표현했습니다. 헬라어에서는 ἐπι +ούσια 로 표현하였습니다. 이 헬라어를 직역하면, '존재 또는 본질 위에'라는 뜻으로, 존재에 필수적인 것(necessary for existence)이라는 의미입니다. 여기에 '오늘날'(σήμερον)이라는 말이 따름으로써 그 의미가 분명해집니다.

광야에서 만나로 일용할 양식을 주실 때 그랬듯이(민 16:4), 하나님은 우리의 일용한 양식, 곧 하루에 족한 것을 구하라고 하신 것입니다. 하루하루를 하나님을 앙망하며 살도록 교훈하신 것입니다. 우리는 믿습니다. 이렇게 간구하는 우리를 하나님은 도와주실 것입니다.

이에 잠언 30:7-9에 있는 아굴의 아름다운 기도를 기억합니다.

"내가 두 가지 일을 주께 구하였사오니 나의 죽기 전에 주시옵소서 곧 허탄과 거짓말을 내게서 멀리 하옵시며 나로 가난하게도 마옵시고 부하게도 마옵시고 오직 필요한 양식으로 내게 먹이시옵소서 혹 내가 배불러서 하나님을 모른다 여호와가 누구냐 할까 하오며 혹 내가 가난하여 도적질하고 내 하나님의 이름을 욕되게 할까 두려워함이니이다."

3-2. 우리 곧 모두에게 필요한 것을 구해야 합니다.

주기도문 본문을 자세히 보면, '내게'가 아니라, '우리에게' 주실 것을 구하고 있다는 것을 알 수 있습니다. 여기에는 우리의 간구가 나 개인 자신만을 위한 것이 아니라, 모든 사람에게 일용할 양식을 달라고 구하는 간구이어야 한다는 의미가 들어있는 것입니다. 그러기에 우리는 나 개인뿐 아니라 세상에 굶주린 사람들에 대한 관심을 갖고 그들의 일용할 양식을 위하여도 기도하여야 하겠습니다.

따라서 우리들은 분배의 정의를 위하여서도 기도해야 합

니다. 광야에서 만나를 내리신 하나님의 뜻에서 읽을 수 있듯이, 하나님께서 식물을 주신 것은 모든 사람을 위한 것이기 때문입니다.

4. 일용할 양식을 위하여 우리는 열심히 일하여야 합니다.

전에도 말했지만 기도의 이면은 헌신입니다. 따라서 우리가 이렇게 기도할 때 우리에게는 노력과 헌신이 따라야 합니다. 곧 일용할 양식을 위하여 우리는 열심히 일하여야 하는 것입니다. 하나님께서 종자를 주시고 해와 비를 주시며 기회를 주실 때 농부가 성실히 농사를 지어야 곡식을 거둘 수 있는 것과 같이, 우리는 주어진 기회에 열심히 일하여야 합니다.

사도 바울은 데살로니가후서 3:7-12에서 다음과 같이 권고합니다.

"어떻게 우리를 본받아야 할 것을 너희가 스스로 아나니 우리가 너희 가운데서 규모 없이 행하지 아니하며 누구에게서든지 양식을 값없이 먹지 않고 오직 수고하고 애써 주야로 일함은 너희 아무에게도 누를 끼치지 아니하려 함이니 우리에게 권리가 없는 것이 아니요 오직 스스로 너희에게 본을 주어 우리를 본받게 하려 함이니라 우리가 너희와 함께 있을 때에도 너희에게 명하기를 누구든지 일하기 싫어하거든 먹지도 말게 하라 하였더니 우리가 들은즉 너희 가운데 규모 없이 행하여 도무지 일하지 아니하고 일만 만드는 자들이 있다 하니 이런 자들에게 우리가 명하고 주 예수 그리스도 안에서 권하기를 종용히 일하여 자기 양식을 먹으라 하노라."

제 6장

우리 죄를 사하여 주옵시고

마태복음 6:12
우리가 우리에게 죄지은 자를 사하여 준 것 같이 우리 죄를 사하여 주옵시고

마태복음 18:21-35
그 때에 베드로가 나아와 가로되 주여 형제가 내게 죄를 범하면 몇 번이나 용서하여 주리이까 일곱 번까지 하오리이까
예수께서 가라사대 네게 이르노니 일곱 번뿐 아니라 일흔 번씩 일곱 번이라도 할지니라
이러므로 천국은 그 종들과 회계하려 하던 어떤 임금과 같으니 회계할 때에 일만 달란트 빚진 자 하나를 데려오매 갚을 것이 없는지라 주인이 명하여 그 몸과 처와 자식들과 모든 소유를 다 팔아 갚게 하라 한대 그 종이 엎드리어 절하며 가로되 내게 참으소서 다 갚으리이다 하거늘 그 종의 주인이 불쌍히 여겨 놓아 보내며 그 빚을 탕감하여 주었더니 그 종이 나가서 제게 백 데나리온 빚진 동관 하나를 만나 붙들어 목을 잡고 가로되 빚을 갚으라 하매 그 동관이 엎드리어 간구하여 가로되 나를 참아 주소서 갚으리이다 하되 허락하지 아니하고 이에 가서 저가 빚을 갚도록 옥에 가두거늘 그 동관들이 그것을 보고 심히 민망하여 주인에게 가서 그 일을 다 고하니 이에 주인이 저를 불러다가 말하되 악한 종아 네가 빌기에 내가 네 빚을 전부 탕감하여 주었거늘 내가 너를 불쌍히 여김과 같이 너도 네 동관을 불쌍히 여김이 마땅치 아니하냐 하고 주인이 노하여 그 빚을 다 갚도록 저를 옥졸들에게 붙이니라
너희가 각각 중심으로 형제를 용서하지 아니하면 내 천부께서도 너희에게 이와 같이 하시리라.

제 6장

일용할 양식을 주옵시고

우리를 위한 두 번째 기원은 죄로 인한 고통에서 구원해 달라는 기원입니다. 이 기도가 구체적으로 무엇을 의미하는지를 살펴보겠습니다.

1. 우리 모두는 죄인입니다.

1-1. 무엇이 죄입니까?

마태는 죄를 'τὰ ὀφειλήματα'로 표현하였습니다.

이 말은 'ὀφείλημα'의 복수 명사로, 동사 'ὀφείλω(빚을 지다)'에서 파생된 명사입니다. 그것은 '빚(debt)', 또는 '하여야 할 것을 다 하지 못한 것(due)'을 나타내는 말입니다.

신약성서에서 죄를 가리키는 말로는 'ὀφείλημα' 외에도 다른 여러 말이 있습니다.

1) 'ἀνομία'라는 말이 있습니다.

이는 '불법'을 의미합니다. 이 말은 요한일서 3:4에 나오는 죄에 대한 정의 가운데 들어 있는 말입니다. 죄는 율법을 위반하는 것입니다.

하나님께서는 이 자연계가 질서 있게 운영될 수 있도록 자연 법칙을 두셨습니다. 마찬가지로, 하나님께서는 우리 인간을 만드시고 인간생활을 바로 하도록 하기 위하여 십계명을 위시하여 여러 도덕적 법을 주셨습니다.

그와 같은 하나님의 법을 범하는 것이 죄입니다. 하나님의 법을 알면서도 자기 자신이 선택한 길을 걷는 사람의 죄를 말합니다. 바른 것을 알면서도 악을 행하는 사람의 죄를 말하는 것입니다. 이 단어는 신약성서에 11번이나 나옵니다.

2) 'παράβασις'라는 말이 있습니다.

이 단어는 'παραβαίνω'라는 동사에서 나온 말로, '넘어서 간다(overstep, passover)'는 뜻입니다. 영어로는 'transgression'이라고 번역을 하였습니다. 곧 선과 악 사이에는 하나의 줄이 있는데 그 줄을 넘어가는 것이 죄가 된다는 뜻입니다. 이 말은 신약성서에 6번 나옵니다.

이와 비슷한 말로 'παράπτωμα'라는 말이 있습니다. 이 말은 'παράπιπτω'라는 동사에 나온 말로서, '잘못하여 떨어진다' 또는 '빠진다'는 뜻입니다. 이 말은 영어로는 앞서와 같이 'transgression'이라고 번역을 하는데, 뜻은 '미끄러져 넘어진다'는 것입니다.

3) 또한 'ἁμαρτία'란 말이 있습니다.

이 말은 신약성서에서 무려 170회 이상 나옵니다. 이 말은 동사 'ἁμαρτάνω'에서 파생된 말인데, 원래 사격에서 쓰는 용어로, 쏜 화살이나 던진 창이 표적에서 빗나갔을 때 사용한 말입니다(missing the mark).

그러니까 죄란 우리가 마땅히 되어야 했으며, 되어야 하고, 또 될 수 있는 모든 최선의 경지에 미달된 상태를 말하는 것입니다. 결국 이런 말로 표현되는 죄는 알든지 몰랐든지 간에 하나님의 법을 범하는 죄를 의미합니다.

우리가 범하는 개인적인 죄(personal sins)는 두 가지 종류로 구분할 수 있습니다. 하나는 의식적으로 범하는 죄(voluntarily transgression of the known law of God)요,

다른 하나는 무의식중에, 즉 다른 말로 표현하면, 모르고 하나님의 온전한 법을 범하는 죄, 곧 허물(involuntarily transgression of the perfect law of God, known or unknown, 또는 sinning without knowing)입니다.

4) 마태는 주기도문에서 죄를 'ὀφείλημα'로 표현하였습니다.

누가가 기록한 주기도문에서는 죄를 'ἁμαρτία'로 표현하였으나, 어떤 사본에서는 누가복음에서도 'ὀφείλημα'로 표현을 하였습니다.

이 말의 뜻은 앞에서 설명한대로 '빚(debt)'입니다. 곧 우리가 하나님께 하여야 할 책임을 다하지 못한 것이 죄라는 뜻입니다. 우리가 하나님께 지고 있는 빚이란 단지 율법을 주신 자에 대하여 지고 있는 빚이 아니라, 무엇보다도 하나님의 크신 사랑에 대하여 우리가 지고 있는 의무를 다하지 못한 것을 의미합니다. 하나님에 대한 의무를 다 하지 못하는 것도 죄라는 것입니다.

1-2. 우리 모두가 죄인입니다.

이러한 죄의 개념에 비추어 볼 때 죄인 아닌 사람이 있겠습니까? 십계명을 위시하여 하나님의 계명을 어기지 않은 사람이 있겠습니까? 또한 원래 인간이 지음 받은 뜻대로 최선의 사람이 되었다고 주장할 수 있는 사람도 거의 없을 것입니다. 그리고 자기가 하여야 할 일을 완전하게 최선을 다하여 행하였다고 주장할 수 있는 사람도 없을 것입니다. 다른 사람과의 관계에 있어서도 완전하다고 주장할 수도 없을 것입니다. 또한 하나님의 그 크신 사랑에 대하여 우리가 의무를 다 했다고 장담할 사람이 어디 있겠습니까?

이렇게 생각한다면, 이러한 죄의 개념 아래에서 죄 없다고 주장할 사람은 하나도 없을 것입니다. 이러한 이유에서 우리 모두는 죄인입니다. 로마서 3:23에는 '모든 사람이 죄를 범하였으매 하나님의 영광에 이르지 못하였다'(참고 롬 3:9)고 기록되어 있습니다. 그러므로 우리가 이 기도를 드릴 때에는 우리 자신이 죄인인 것을 시인하며 고백하는 것입니다.

1-3. 죄의 결과는 비참합니다.

죄는 하나님으로부터의 이탈을 의미합니다. 또한 죄를 짓는 자는 요한일서 3:8처럼 마귀에게 속하게 됩니다. 그리고 죄의 마지막 결과는 사망입니다(롬 6:23). 그러니 범죄자의 고통은 말할 수 없이 괴로운 것입니다.

우리는 그런 고통을 시편 32:3-4에 나타난 다윗의 고백에서 엿볼 수 있습니다. 범죄한 그는 "종일 신음하므로 내 뼈가 쇠하였도다 주의 손이 주야로 나를 누르시오니 내 진액이 화하여 여름 가물에 마름같이 되었나이다"라고 하였습니다. 또 시편 38:3-4에서는 "주의 진노로 인하여 내 살에 성한 곳이 없사오며 나의 죄로 인하여 내 뼈에 평안함이 없나이다 내 죄악이 내 머리에 넘쳐서 무거운 짐 같으니 감당할 수 없나이다"라고 하였습니다. 이는 그가 가지고 있는 지식이나 권세로도 해결할 수가 없는 고통이었습니다. 다윗의 간증에서 읽듯이, 이 세상에 여러 가지 고통이 있으나 죄로 인하여 오는 고통 이상 더 심한 고통은 없습니다. 그것은 인간의 수단으로는 해결할 수 없는 고통입니다.

이에 주님께서, 이런 고통에서 벗어나기 위하여 "우리의 죄를 사하여 주시옵소서" 하고 하나님께 기도하라고 명령하신 것입니다. 이런 고통은 하나님으로부터 용서를 받음으로만이 해결될 수 있는 것이기 때문입니다.

2. 하나님은 죄를 용서하시기를 원하십니다.

성경 시편 103:8을 보면, '여호와는 자비로우시며 은혜로

우시며 노하기를 더디 하시며 인자하심이 풍부하신 분'이십니다.

따라서 하나님은 시편 103:10에서 밝혔듯이 우리를 죄에 따라 처치하지 아니하시며 우리의 죄악을 따라 갚지 아니하십니다. 그리하여 시편 기자는 103:11에서 "이는 하늘이 땅에서 높음같이 그를 경외하는 자에게 그 인자하심이 크심이로다"라고 하였습니다.

이사야 1:18에서 말씀하시기를 "여호와께서 말씀하시되 오라 우리가 서로 변론하자 너희 죄가 주홍 같을지라도 눈과 같이 희어질 것이요 진홍같이 붉을지라도 양털같이 되리라"고 하였습니다. 다시 말해서 하나님께서 주홍같이 붉은 죄라도 용서하시고 흰 눈과 양털같이 깨끗하게 하여 주신다고 약속하신 것입니다.

신약성서에 와 보면, 요한복음 3:16에서 하나님이 세상을 이처럼 사랑하사 독생자를 주셨다고 하였습니다. 그가 십자가에서 죽음으로 우리 죄를 위하여 화목제물이 되셨다고, 로마서 3:25에서 말씀하셨습니다(참고 요일 2:2). 더구나 요한복음 3:16에서 이는 저를 믿는 자마다 멸망치 않고 영생을 얻게 하려 하심이라고 하였습니다.

그러기에 죄가 크다고 하여 절망하거나 낙심할 것이 아닙니다. 성경은 로마서 5:20에서 말하기를 '죄 많은 곳에 은혜가 더 풍성하다' 고 하셨습니다.

3. 우리의 기도에는 신앙의 결단이 따라야 합니다.

위에서 우리가 거듭 거듭 말하였듯이 기도의 이면은 헌신입니다. 따라서 우리가 하나님을 향하여 '우리 죄를 사하여 주시옵소서!' 하고 기도할 때 자신의 죄를 회개하고 믿어야 합니다.

3-1. 죄를 자백하고 믿어야 합니다.

하나님은 성경 요한일서 1:9을 통하여 약속하셨습니다.

"만일 우리가 우리 죄를 자백하면 저는 미쁘시고 의로우사 우리 죄를 사하시며 모든 불의에서 우리를 깨끗케 하실 것이요."

여기 '자백' 이라는 말은 주님께서 우리의 죄를 지적하실 때 그대로 인정하고 회개하며 믿는 것을 의미합니다. 죄 사함을 받기 위하여 기도하라고 명령하신 주님은 동시에 복음을 듣는 자가 회개와 믿음으로 호응할 것을 요청합니다. 예수님의 처음 메시지는 마가복음 1:15에서 보듯이 "때가

찼고 하나님 나라가 가까왔으니 회개하고 복음을 믿으라" 였습니다. 사도 베드로가 오순절에 은혜 받고 외친 첫 메시지도 사도행전 3:19에 의하면 "그러므로 너희가 회개하고 돌이켜 너희 죄 없이 함을 받으라 이같이 하면 유쾌하게 되는 날이 주 앞으로부터 이를 것이요"(행 2:38)라는 말씀이 었습니다. 부활하신 예수님께서 제자들에게 마지막으로 부탁하신 메시지도 누가복음 24:47에서 보듯이 죄 사함을 얻게 하는 회개를 전파하라는 것이었습니다.

죄 사함을 받기 원하는 여러분! 회개와 믿음으로 이 기도를 드리시기를 바랍니다. 이런 기도를 드리는 자를 향하여 하나님은 사죄의 확신을 주십니다. "나 곧 나는 나를 위하여 네 허물을 도말하는 자니 네 죄를 기억지 아니하리라"(사 43:25).

3-2. 주를 순간순간 의지하며 걸어가야 합니다.

우리는 자기가 의식적으로 범한 죄를 자백하고 용서를 받음으로 하나님의 자녀가 됩니다. 이는 놀라운 특권입니다. 그러나 기억할 것은 "우리 죄를 사하시옵소서" 하는 기도는 하나님의 자녀가 된 자, 심지어는 온전한 성화의 은혜를 받은 성자라 해도 여전히 계속하여 드려야 하는 기도라는 것입니다.

마태복음에서는 죄를 'ὀφειλήματα'로 표현하면서 우리들 모두가 하나님 앞에 빚진 자라는 것을 지적하였습니다. 다시 말해서, 제 아무리 성자라 해도 인간은 하나님이 원하시는 것을 완전히 이행하지는 못합니다. 사랑의 관계에서는 늘 빚진 마음이 있을 수밖에 없습니다. 육을 가진 인간은 무의식중에 실수를 하거나 하나님의 온전한 법을 어기게 되기 때문입니다. 마치 안경알을 깨끗이 닦았다고 해도 먼지 있는 공간에 다니면 자기도 모르는 사이에 다시 안경알에 먼지가 앉는 것과도 같습니다.

그러기에 성도는 순간순간 이 기도를 드리며 걸어가야 합니다. 순간순간 대제사장 되신 주 예수님을 믿으며 살아야 합니다.

그러나 동시에, 순간순간 주를 믿으며 걸어가는 자는, 구약에서 대제사장의 기도에 참여한 자들이 그들의 허물로부터 씻음을 받았던 것과 같이, 지금도 하나님의 보좌 우편에서 우리 주님이 드리시는 중보기도에 참여하는바 되어 그 허물에서 씻음을 받게 되는 줄 믿습니다(레 4:31, 35, 16:15-17, 히 9:7).

곧 저가 빛 가운데 거하는 것 같이 우리도 빛 가운데 거하면 그리스도의 보혈이 우리가 알지 못하고 범한 허물을 씻어주시기에, 우리는 하나님 앞에 담대히 설 수 있는 것입니다(요일 1:7, 히 10:12-13, 롬 8:33-34 참조). 이는 마치 건강한 사람의 눈에 무의식중에 미세한 먼지가 들어가지만, 그럼에도 불구하고 눈에 눈물이 수시로 흐르기에 눈이 깨끗할 수 있는 것과도 같습니다.

존 웨슬리는 '신자의 회개'라는 설교에서 다음과 같이 말합니다.

"순간순간 우리는 주님의 공로를 필요로 합니다. 또한 확신을 가지고 말합니다. 주여, 우리는 순간순간 주의 죽음의 공로를 갖고 있습니다."

3-3. 우리는 우리에게 죄 지은 자를 용서하여야 합니다.

주님은 죄 사함을 받기 위한 기도를 함에 있어, '우리에게 죄 지은 자를 사하여 준 것 같이(ὡς) 우리의 죄를 사하여 주옵소서'라고 기도하라고 하셨습니다. 특히 누가복음에는 "모든 사람의 죄(ὀφείλοντι)를 용서하오니 우리 죄도 사하여 주옵시고"라고 표현하고 있습니다.

누가복음에는 이 구절이 '같이(ὡς)'가 아니라 '왜 그런고 하니(γὰρ)'로 시작하고 있습니다. 즉 다른 사람의 허물을 용서하는 것이 전제사항처럼 되어 있는 것입니다.

주님께서 일찍이 마태복음 6:14-15에서 말씀하셨습니다.

"너희가 사람의 과실을 용서하면 너희 천부께서도 너희 과실을 용서하시려니와 너희가 사람의 과실을 용서하지 아니하면 너희 아버지께서도 너희 과실을 용서하지 아니하시리라."

그러기에 우리는 우리의 죄 사함을 받기 위하여 나에게 빚진 자들을 용감하게 용서하여야 합니다. 사실 사죄받은 감격이 있는 한 남의 허물도 용서할 수 있는 것입니다. 이 기도를 드리는 순간 우리에게 잘못한 사람들의 죄와 허물을 용서하시기를 바랍니다.

주님은 마태복음 5:23-24에서 말씀하셨습니다.

"그러므로 예물을 제단에 드리다가 거기서 네 형제에게 원망 들을 만한 일이 있는 줄 생각나거든 예물을 제단 앞에 두고 먼저 가서 형제와 화목하고 그 후에 와서 예물을 드리라."

말씀을 마치겠습니다.

"우리가 우리에게 죄 지은 자를 사하여 준 것같이 우리 죄를 사하여 주옵소서."

제 7장

시험에 들지 말게 하옵시고, 악에서 구하옵소서

마태복음 6:9-13
그러므로 너희는 이렇게 기도하라
하늘에 계신 우리 아버지여 이름이 거룩히 여김을 받으시오며
나라이 임하옵시며 뜻이 하늘에서 이룬 것 같이 땅에서도 이루어지이다.
오늘날 우리에게 일용할 양식을 주옵시고 우리가 우리에게 죄 지은 자를 사하여 준 것 같이 우리 죄를 사하여 주옵시고 우리를 시험에 들게 하지 마옵시고 다만 악에서 구하옵소서.
(나라와 권세와 영광이 아버지께 영원히 있사옵나이다. 아멘.)

마태복음 4:1-10
그 때에 예수께서 성령에게 이끌리어 마귀에게 시험을 받으러 광야로 가사 사십 일을 밤낮으로 금식하신 후에 주리신지라 시험하는 자가 예수께 나아와서 가로되 네가 만일 하나님의 아들이든 명하여 이 돌들이 떡덩이가 되게 하라 예수께서 대답하여 가라사대 기록되었으되 사람이 떡으로만 살 것이 아니요 하나님의 입으로 나오는 모든 말씀으로 살 것이라 하였느니라 하시니 이에 마귀가 예수를 거룩한 성으로 데려다가 성전 꼭대기에 세우고 가로되 네가 만일 하나님의 아들이든 뛰어내리라 기록하였으되 저가 너를 위하여 그 사자들을 명하시리니 저희가 손으로 너를 받들어 발이 돌에 부딪히지 않게 하리로다 하였느니라 예수께서 이르시되 또 기록되었으되 주 너의 하나님을 시험치 말라 하였느니라 하신대 마귀가 또 그를 데리고 지극히 높은 산으로 가서 천하 만국과 그 영광을 보여 가로되 만일 내게 엎드려 경배하면 이 모든 것을 네게 주리라 이에 예수께서 말씀하시되 사단아 물러가라 기록되었으되 주 너의 하나님께 경배하고 다만 그를 섬기라 하였느니라.

제 7장
시험에 들지 말게 하옵시고, 악에서 구하옵소서

앞에서 말씀드린 대로 주기도문의 간구는 2부로 구성되어 있습니다. 그 첫 부분은 하나님에 관한 것이요, 뒷 부분은 우리들에게 필요한 것들에 대한 간구입니다.

이는 "먼저 그의 나라와 그의 의를 구하면 이 모든 것도 더하여 주신다"고 하신 주님의 약속과 일치합니다.

우리들에게 필요한 것들이 무엇입니까?

첫 번째는 일용할 양식, 곧 물질적인 필요입니다. 현재의 필요입니다. 두 번째는 죄에서의 용서, 곧 정신적인 것입니다. 과거에 생긴 필요입니다. 세 번째는 시험과 악한 자에게서 오는 어려움, 곧 영적인 것입니다. 미래에 관한 것입니다.

앞의 두 가지는 자율적인 데서 오는 어려움이요, 세 번째는 타율적인 데서 오는 어려움입니다. 바로 이에 대하여 우리는 다음과 같이 기도하게 되는 것입니다.

"우리를 시험에 들게 하지 마옵시고 다만 악에서 구하옵소서(나라와 권세와 영광이 아버지께 영원히 있사옵나이다 아멘)."

이 간구의 뜻을 분명히 알기 위하여 우리는 우선 다음의 두 가지 낱말, 곧 '시험'과 '악'에 대하여 생각해 봐야 합니다. 시험과 악은 무엇을 의미합니까?

1. 여기서 시험(πειρασμός)은 무엇을 의미합니까?

'시험(πειρασμός – 동사형은 πειράζω)'이라는 말은 세속적인 헬라어에서는 '무엇을 시도한다(to try, to attempt to make)'는 뜻으로 사용되었습니다. 그러나 성경에서는 다른 두 가지 뜻으로 사용되었습니다.

첫째, 사람의 진실성, 진정성, 충실성 등을 살펴보는 것으로, '시련'이라는 뜻으로 사용되었습니다. 둘째, 어떠한 어려움 또는 함정이나 죄에 빠지도록 꾀고 유혹한다는 뜻으로 사용되었습니다. 따라서 이 단어가 무엇을 의미하는지는 그 용례(用例)에 따라 이해하여야 합니다.

이 말의 용례를 보면, '시험'에는 하나님께로부터 오는 것과 마귀로부터 오는 것이 있습니다. 하나님께로부터 오는 것을 시련(試鍊)이라고 부르고, 마귀로부터 오는 것을 유혹(誘惑)이라고 흔히 불러 구분하였습니다.

1-1. 시련(試鍊)

학교에 다니는 학생은 누구나 시험을 치릅니다. 시험을 치르는 목적은 우선 학생의 실력을 알아보는 데에 있다고 볼 수도 있지만, 진정한 목적은 교육적인 데 있습니다. 시험을 통하여 더 공부하도록 하려는 것입니다. 배운 것을 진정으로 익히도록 하려는 것이지요. 이러한 의미에서, 신앙생활에도 시련이 있다는 것을 알아야 합니다.

예를 들어서, 창세기 22:1에 보면, 하나님이 아브라함을 시험하시려고 그에게 독자 이삭을 하나님이 지시하시는 산에서 제물로 드리라고 했습니다. 이것은 시련입니다. 이와 같은 시련을 통하여, 우리는 성숙해지는 것입니다. 하나님께로부터 오는 시험이라는 것은, 우리를 더욱 유익한 길로 인도하기 위해 일시적으로 어려움을 경험케 하는 것입니다. 이것은 시련(test under trial)입니다. 다음의 성경말씀은 바로 이러한 시련을 언급하는 것입니다.

베드로전서 1:6-7입니다.

"그러므로 너희가 이제 여러 가지 시험을 인하여 잠깐 근심하게 되지 않을 수 없었으나 오히려 크게 기뻐하도다. 너희 믿음의 시련이 불로 연단하여도 없어질 금보다 더 귀하여 예수 그리스도의 나타나실 때에 칭찬과 영광과 존귀를 얻게 하려 함이라."

야고보서 1:2-4입니다.

"내 형제들아 너희가 여러 가지 시험을 만나거든 온전히 기쁘게 여기라 이는 너희 믿음의 시련이 인내를 만들어 내는 줄 너희가 앎이라 인내를 온전히 이루라 이는 너희로 온전하고 구비하여 조금도 부족함이 없게 하려 함이라."

야고보서 1:12입니다.

"시험을 참는 자는 복이 있도다 이것에 옳다 인정하심을 받은 후에 주께서 자기를 사랑하는 자들에게 약속하신 생명의 면류관을 얻을 것임이니라."

이러한 시련을 당할 때 우리는 고린도전서 10:13의 말씀을 기억하고 용기를 내야 할 것입니다.

"사람이 감당할 시험밖에는 너희에게 당한 것이 없나니

오직 하나님은 미쁘사 너희가 감당치 못할 시험 당함을 허락지 아니하시고 시험 당할 즈음에 또한 피할 길을 내사 너희로 능히 감당하게 하시느니라."

욥은 참으로 어려운 시련을 당하였으나 하나님만 의뢰하며 참고 그 시련을 이겼습니다. 우리는 그로 인하여 욥이 하나님으로부터 더 큰 축복을 받았음을 기억하고, 다가오는 시련을 이겨야 하겠습니다.

1-2. 유혹(誘惑)

앞에서 말했듯이, 시험(πειρασμός)이라는 말이 '시련'이 아닌 다른 의미로 사용될 때가 있습니다. 사람을 죄에 빠지도록 이끄는 시험이 그것입니다. 곧 '유혹'(temptation)입니다.

에덴동산에서 악한 마귀가 뱀을 통하여 하와와 아담을 유혹했습니다. 선악과를 따 먹어도 죽지 않는다고 거짓말을 하면서 말입니다.

마태복음 4장에 보면, 광야에서 악한 마귀가 예수님을 시험하는 장면이 나옵니다. 이 역시 예수를 넘어뜨리고자 하는 유혹이었습니다.

"돌로 떡을 만들어 먹으라."

"성전 꼭대기에서 뛰어 내리라."

"세상의 영광을 보이면서, 내게 절하라 그리하면 이 모든 것을 네게 주리라."

이는 마귀에게서 오는 시험이었습니다. 오늘날도 이와 같이 마귀들이 성도를 넘어뜨리기 위해 활약하고 있음을 알아야 합니다.

사도 베드로는 베드로전서 5:8에서 경고합니다.

"근신하라 깨어라 너희 대적 마귀가 우는 사자같이 두루 다니며 삼킬 자를 찾나니."

우리 주변에는 얼마나 많은 유혹이 있는지 모릅니다. 그 한 예에 관하여 예수님께서는 누가복음 14:16-20에서 다음과 같이 말씀하셨습니다.

"어떤 사람이 큰 잔치를 배설하고 많은 사람을 청하였더니 잔치할 시간에 그 청하였던 자들에게 종을 보내어 가로되 오소서 모든 것이 준비되었나이다 하매 다 일치하게 사양하여 하나는 가로되 나는 밭을 샀으매 불가불 나가 보아야 하겠으니 청컨대 나를 용서하도록 하라 하고 또 히나는 가로되 나는 소 다섯 겨리를 샀으매 시험하러 가니 청컨대 나를 용서하도록 하라 하고 또 하나는 가로되 나는 장가들

었으니 그러므로 가지 못하겠노라 하는지라."

  사람들은 이런 일 저런 일로 인하여 유혹에 빠지고 있는 것입니다. 유혹인 줄 알면서도 그 유혹에서 빠져나오기가 힘듭니다. 유혹에서 승리하기 위해서는 하나님의 도움이 필요합니다. 그래서 주님은 "시험에 들게 하지 마옵시고"라고 기도하라고 분부하신 것입니다.

  여러분, 아담, 곧 사람은 유혹에 빠져 죄를 지었으나, 예수님은 이기셨습니다. 하나님이 도우실 때 우리는 유혹에 들지 않을 수 있음을 믿습니다.

2. 시험에 들게 하지 마옵시고.

  그러면, "시험에 들게 하지 마옵시고"라는 뜻은 무엇입니까? 이는 우리에게 시험이나 고난을 아주 없게 해달라는 뜻이 아닙니다. 그것은 불가능합니다. 시험에 들지 않기를 간구하는 것은 시험 중에 악으로 빠지지 않게 해달라는 것입니다. 곧 시험을 이기게 해달라는 뜻입니다.

  이는 먼저, 본성이 약한 우리가 시험과 고난을 당할 때에 빠져들기 쉬운 유혹에 걸려들지 말게 하여 달라는 기원입니다. 또한, 만일 우리가 악에 빠지는 경우 우리가 스스로 빠져나오기가 어려우니 하나님께서 우리를 건져 내어 달라는 기원입니다.

우리는 마태복음 4:1-11에서 예수님께서 그렇게도 어려운 마귀의 시험에서 승리하신 것을 읽습니다. 주님은 요한복음 16:33에서 다음과 같이 우리를 격려하십니다.

"이것을 너희에게 이름은 너희로 내 안에서 평안을 누리게 하려 함이라 세상에서는 너희가 환난을 당하나 담대하라 내가 세상을 이기었노라."

또한 요한복음 17:15에 보면, 예수님께서는 제자들을 위하여 다음과 같이 기도하셨습니다.

"내가 비옵는 것은 저희를 세상에서 데려가시기를 위함이 아니요 오직 악에 빠지지 않게 보전하시기를 위함이니이다."

여러분, 우리가 시험을 당할 때에 하나님이 도와주시면 승리할 수 있습니다. 그러므로 우리는 "시험에 들게 하지 마옵소서"라고 기도해야 합니다.

3. 다만 악에서 구하옵소서.

3-1. 이 세상에는 아직도 악의 세력이 있습니다.

우리는 이제 '이 간구가 별개의 것인가, 아니면 시험에 들지 말게 해달라는 것의 연속인가' 하고 질문하게 됩니다.

주기도문을 보면, 이 구절(μὴ εἰσενέγκῃς ἡμᾶς εἰς πειρασμόν, ἀλλὰ ῥῦσαι ἡμᾶς ἀπὸ τοῦ πονηροῦ)이 μὴ(영어로는 not), ἀλλὰ(영어로는 but)로 구성되어 있습니다. 그러므로 이 간구는 전자의 소극적인 간구와 뒤의 적극적인 간구가 합하여 하나의 간구를 이루고 있는 것이라고 보아야 할 것입니다.

그러면 여기에서 '악'이란 무엇을 의미합니까? 본문에서 'τοῦ πονηροῦ'로 표현하면서 정관사를 붙인 것으로 보아, 이는 악한 자(the evil one), 곧 마귀를 가리키는 것으로 해석하여야 할 것입니다.

성경을 보면, 예수 그리스도께서 십자가로 권세와 세력의 천신들을 사로잡아 그 무장을 해제시키시고 그들을 구경거리로 삼아 끌고 개선의 행진을 하셨습니다(골 2:15 공동번역). 그리하여 그들은 패잔병과 같을 뿐입니다. 그러나 그들이 아직도 이 세상에서 활약하고 있음을 잊어서는 안 됩니다.

이에 사도 베드로는 베드로전서 5:8-9에서 우리에게 경고하고 있습니다.

"근신하라 깨어라 너희 대적 마귀가 우는 사자같이 두루 다니며 삼킬 자를 찾나니 너희는 믿음을 굳게 하여 저를 대적하라 이는 세상에 있는 너희 형제들도 동일한 고난을 당하는 줄을 앎이니라."

그래서 주님은 "악에서 구하옵소서"라고 하나님께 기도하라고 하시는 것입니다.

3-2. 주님은 마귀보다 더 큰 승리자입니다.

우리는 주님이 더 큰 자인 것을 믿습니다. 그러므로 이 기도는 주님께서 능력으로 우리를 악에서 구해 줄 수 있는 줄을 믿는다는 고백이며 확인입니다. 따라서 이 기도는 사도 요한이 요한일서 4:4에서 "자녀들아 너희는 하나님께 속하였고 또 저희를 이기었나니 이는 너희 안에 계신 이가 세상에 있는 이보다 크심이라"고 함과 같이 주님의 주권의 권세를 인지하는 고백입니다.

우리 주님은 하늘의 권세를 가지신 분입니다. 그리고 주님은 주의 제자들에게 마귀를 내어 쫓는 권세를 주셨습니다(막 16:15-17, 마 10:1-7).

사도들은 말합니다. "너희는 믿음을 굳게 하여 저(마귀)를 대적하라"(벧전 5:9). "그런즉 너희는 하나님께 순복할지어다 마귀를 대적하라 그리하면 너희를 피하리라"(약 4:7).

우리가 이러한 내용으로 기원드릴 때 마귀의 시험이 물러갈 줄 믿습니다.

4. 나라와 권세와 영광이 아버지께 있사옵니다.

"대개 나라와 권세와 영광이 아버지께 영원히 있사옵나이다."

"하늘에 계신 우리 아버지" 하고 시작한 기도는 바로 이 확신과 선언으로 마감됩니다. 이는 기도 응답의 확신입니다.

이러한 확신에 찬 우리의 고백은 주님의 능력으로 무장되는 믿음의 결론입니다. 결론적으로 가져야 할 우리의 믿음은 주님의 영광을 위한 것입니다.

사도 바울은 빌립보서 4:6-7에서 권고합니다.

"아무것도 염려하지 말고 오직 모든 일에 기도와 간구로 너희 구할 것을 감사함으로 하나님께 아뢰라 그리하면 모든 지각에 뛰어난 하나님의 평강이 그리스도 예수 안에서 너희 마음과 생각을 지키시리라."

아멘!

쉽게 풀어 쓴 주기도문

2006년 6월 30일 초판 발행

지은이 • 조종남
발행인 • 김수곤
등록일 • 2001년 7월 31일 / 제 22-657호
발행처 • 선교햇불
등록주소 • 서울시 송파구 삼전동 103번지
총　판 • 선교햇불
전　화 : 02)2203-2739
　　　　팩　스 : 02)2203-2738
　　　　이메일 : ccm2you@gmail.com
　　　　홈페이지 : www.ccm2u.com

ⓒ 선교햇불
• 파본은 교환해 드립니다.
• 이 출판물은 저작권법에 의해 보호를 받는 저작물이므로
  무단전재와 무단복제를 금합니다.